Collection de M. James H. CROSSMAN, Esq.

TABLEAUX

ANCIENS

OBJETS D'ART ET D'AMEUBLEMENT

GRAVURES

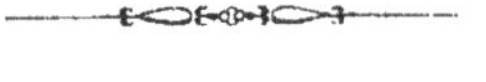

COMMISSAIRES-PRISEURS

Me ESCRIBE	Me TILORIER
6, rue de Hanovre	9, boulevard des Italiens

EXPERTS

MM. HARO FRÈRES

PEINTRES-EXPERTS

14, rue Visconti, et 20, rue Bonaparte

1888

13953. — Imprimeries réunies, **A**, rue Mignon, 2, Paris.

CATALOGUE

DES

TABLEAUX

ANCIENS

OBJETS D'ART ET D'AMEUBLEMENT

GRAVURES

COMPOSANT LA

Collection de M. James H. CROSSMAN, Esq.

DONT LA VENTE AURA LIEU

HOTEL DROUOT, SALLE Nᵒ 8

Le Lundi 9 Avril 1888

A TROIS HEURES

EXPOSITION PUBLIQUE LE DIMANCHE 8 AVRIL 1888

DE UNE HEURE ET DEMIE A CINQ HEURES

COMMISSAIRES-PRISEURS

Mᵉ ESCRIBE	Mᵉ TILORIER
6, rue de Hanovre	9, boulevard des Italiens

EXPERTS

MM. HARO FRÈRES

PEINTRES-EXPERTS

11, rue Visconti et 20, rue Bonaparte

1888

CONDITIONS DE LA VENTE

TABLEAUX

CUYLENBURG

1 — Paysage et ruines.

> Au premier plan, des bergers et leurs troupeaux.
>
> B. — H., 0^m,26. L., 0^m,31.

DOV (D'après)

2 — Intérieur hollandais.

> Ancienne copie très finement peinte.
>
> B. — H., 0^m,50. L., 0^m,41.

FRANCK

3 — Adoration des Mages.

> C. — H., 0^m,22. L., 0^m,17.

HALS (Franz)

?

4 — Portrait d'un gentilhomme.

Il est représenté debout, de trois quarts, et tourné vers la droite, vêtu d'un pourpoint de satin gris et de chausses de drap de même couleur, avec broderies et passementeries jaunes. Autour du cou une large fraise et aux poignets des manchettes plissées. La main droite est appuyée sur la hanche; la main gauche soutient une grande épée rattachée à la ceinture par une courroie brodée. Derrière lui, sur un meuble drapé, est placé un chapeau de feutre gris avec plume et galon.

Bien que la tête ne soit pas aussi largement traitée et malgré la minutie de certains détails, plusieurs parties très largement peintes, notamment le pourpoint, l'épée, l'effet de lumière du bras gauche, rappellent tout à fait la première manière du maître de Harlem.

Nous lisons dans l'ouvrage de Descamps :

« Van Dyck répétait souvent que Hals aurait été le plus grand peintre de portrait s'il avait pu rendre sa couleur plus tendre. Il ne connaissait, disait-il, aucun peintre plus maître de son pinceau. »

Ce portrait a toujours été catalogué dans la collection comme étant de Hals.

A droite, en haut, on lit : Ætatis suæ 43. Anno 1624 : en dessous le monogramme qui nous semble avoir été renforcé.

B. — H., 1^m,30. L., 0^m,85.

HARTZMAN

5 — Clairière dans une forêt. Paysage avec figures et animaux.

C. — H., 0^m,48. L., 0^m,65.

HELTD

6 — Gibier mort.

Sur une pierre auprès d'un arbre sont posés différents oiseaux morts et accessoires de chasse.

Signé à gauche et daté 1726.

C. — H., 0^m,17. L., 0^m,25.

HELDT

7 — Oiseaux et gibier mort.

Pendant du précédent.

Signé à droite.

C. — H., 0^m,17. L., 0^m,25.

HERRLEIM (A.)

8 — Bohémiens dans la forêt.

Signé à gauche.

HERRLEIM (A.)

9 — Pendant du précédent.

Ces deux petits tableaux peints avec la plus grande finesse sont d'un maître peu connu.

Signé à gauche.

B. — H., 0^m,29. L., 0^m,38.

HONDEKOETER (Melchior de)

10 — Basse-cour.

Une poule blanche est aussi surprise qu'effrayée de voir les canards qu'elle couvait aller à l'eau. Derrière, un coq. Au premier plan, divers canards.

T. — H., 0^m,99. L., 1^m,27.

LANCRET (D'après)

11 — Concert champêtre.

T. — H., 0^m,75. L., 0^m,58.

LUCATELLI

12 — Les Pêcheurs. Paysage avec figures : Environs de Rome.

T. — H., 0^m,61. L., 1^m,00.

OSTADE (D'après)

13 — Le Cabaret.

Scène villageoise.

B. — H., 0ᵐ,34. L., 0ᵐ,27.

SIMONS (W.)

14 — Les Reliefs du déjeuner.

Sur une table de pierre sont placés des fruits, pommes, raisins, etc.; diverses assiettes avec des noisettes, des crevettes, et sur un plat d'argent un crabe; un cruchon, etc.

Signé sur la dalle et daté 1648.

T. — H., 0ᵐ,91. L., 1ᵐ,16.

STEVENS (Palamèdes)

15 — Réunion galante.

Dans une grande salle dallée des cavaliers richement costumés et des dames parées pour le bal sont réunis et se livrent au plaisir de la danse.

A gauche, un groupe formé de musiciens et de jeunes seigneurs ; à droite, deux danseurs, et dans le fond plusieurs personnes réunies autour d'une table.

B. — H., 0^m,61. L., 1^m,00.

VOS (Martin de)

16 — Le Jugement de Pâris.

Pâris, fils de Priam et d'Hécube, fut choisi pour juge entre Minerve, Junon et Vénus dans le célèbre différend qui s'était élevé entre ces déesses au sujet de leur beauté ; il adjugea la pomme d'or à Vénus.

Assis sur un tertre, le berger Pâris offre la pomme à Vénus ; à gauche, Junon et Minerve. Dans le fond, à travers les arbres, on aperçoit Mercure.

C. — H., 0^m,22. L., 0^m,29.

17 — Scène mythologique.

Pendant du précédent.

Dans ces deux jolis tableaux les paysages et les lointains sont très finement peints.

C. — H., 0^m,22. L., 0^m,29.

*

WINTRACK

18 — Paysage.

Sur un étang, divers oiseaux : oies, canards, etc.

B. — H., 0ᵐ,33. L., 0ᵐ,26.

?

19 — Portrait du jeune Stuart.

Il est représenté vu de trois quarts; physionomie agréable et distinguée; il porte le cordon bleu.

Jacques-François-Édouard Stuart, plus connu en France sous le nom de chevalier de Saint-George et appelé Jacques III par les Jacobites, né à Londres en 1688, mort en 1766.

Fils de Jacques II, roi d'Angleterre et de Marie de Modène, il reçut en naissant le titre de prince de Galles et n'avait que cinq mois lorsque son père fut renversé du trône par le prince d'Orange.

T. — H., 0ᵐ,73. L., 0ᵐ,62.

ÉCOLE ITALIENNE

20 — Le Sommeil de l'Enfant Jésus.

Le divin Enfant est représenté endormi sur un lit de repos; à gauche, sainte Élisabeth et saint Jean; au milieu du tableau, la sainte Vierge et, à droite, saint Joseph contemplent le petit Jésus. Dans les airs, deux anges écartent les draperies. Gracieuse composition.

B. — H., 0^m,51. L., 0^m,38.

ÉCOLE ANGLAISE

21 — Portrait de jeune homme.

T. — H., 0^m,73. L., 0^m,61.

ÉCOLE FRANÇAISE

22 — La Princesse de Conti et son nègre.

La princesse est représentée debout; elle semble étonnée de l'insuccès de ses efforts, venant d'essayer de blanchir son nègre.

Ce tableau doit être, selon nous, attribué à J. Nocret.

T. — H., 1^m,35. L., 1^m,02.

ÉCOLE HOLLANDAISE

23 — La Ménagère hollandaise.

T. — H., 1^m,81. L., 1^m,00.

24 — Portrait d'homme.

Il est représenté debout près d'une table,
vêtu de noir avec une large collerette.
Dans le fond, quatre écussons.

T. — H., 0^m,60. L., 0^m,48.

?

25 — Portrait d'un sculpteur.

Il est représenté à mi-corps, vu de trois
quarts, tenant de la main droite son porte-
crayon; près de lui, une tête sculptée.

T. — H., 0^m,81. L., 0^m,64.

26 — Portrait de dame de qualité.

T. — H., 0^m,75. L., 0^m,62.

27 — Portrait de dame de la cour.
Époque Louis XIV.

Forme ovale.

T. — H., 0^m,71. L., 0^m,60.

GRAVURES COLORIÉES

32 — Le Déjeuner anglais.

Gravé par Vidal, d'après Lavreince.

33 — Le Voulez-vous plus long.

Gravé par Roy, d'après Mallet.

34 — Le Petit Jour.

De Launay, d'après Freudaberg.

LEVILLY (J.-P.)

35 — L'Heureux Présage.

36 — Déguisement du chevalier de Faublas.

D'après Mallet.

37 — Le Baiser de Julie et de Saint-Preux.

D'après Schalle.

38 — Le Départ des remplacés.

39 — L'Arrivée des remplaçants.

40 — Le Bouquet.

41 — Les Croyables au Péron.

Gravé par Tresca.

42 — Les Incroyables.

D'après C. Vernet.

43 — Chasse au chien Warant.

Quatre gravures par Levachez, d'après
H. Vernet.

44 — Le Jockey au montoir.

45 — Le Cheval bouchonné.

46 — Le Saut.

47 — Le Galop.

Quatre gravures par d'Arcis, d'après
C. Vernet.

48 — La Chasse au cerf.

Deux gravures par Levachez, d'après Carel
Vernet.

49 — La Chasse au renard.

Vogel, d'après Furner

ÉCOLE FRANÇAISE

50 — L'Éducation du chien.

H., 1^m,10. L., 0^m,98

51 — Panneau décoratif.

H., 1^m,45. L., 0^m,50.

Ces deux panneaux sont montés en écran avec encadrements dorés et épaisseurs de satin bleu.

Hauteur totale du premier, 1^m,98.
Hauteur totale du deuxième, 2^m,43.

52 — Grandes Glaces avec encadrements en bois noir, filets et incrustations de cuivre.

Dans les bordures sont enchâssés des médaillons en porcelaine peinte représentant des portraits de femmes célèbres, des bouquets de fleurs avec des sujets (pastorales).

H., 1^m,80. L. 1^m,40.
H., 2^m,50. L. 1^m,68.
H., 2^m,50. L. 1^m,68.

MEUBLES

PAR SHERATON

—

53 — Beau Piano droit en bois satiné,
décoré de peintures, médaillons, guirlandes de fleurs et
quadrillages.

54 — Grande Bibliothèque à deux
corps et à huit vantaux vitrés
en bois satiné, décoré de peintures, guirlandes de fleurs.

55 — Ensemble de même décor à
deux corps.

Le bas a un grand tiroir et deux vantaux
pleins au milieu et cinq tiroirs de chaque
côté, le haut a quatre vantaux vitrés.

56 — Table à jeu, de même décor.

57 — Table à ouvrage, de même
décor.

58 — Six Chaises modèle lyre, style
Louis XVI, en bois satiné,
décoré de peintures, couvert
en brocart fond saumon.

59 — Bureau à cylindre à deux faces,
de même décor.

60 — Deux Vitrines, modèle bonheur-
du-jour, en bois satiné, gar-
nies de glaces.

61 — Table-Vitrine en bois satiné et
bois doré, style Louis XVI.

62 — Deux Canapés en bois satiné,
décoré de peintures, recou-
verts en damas.

63 — Fauteuil en bois doré, style
Louis XIV, recouvert en brocart fond saumon.

64 — Fauteuil style Louis XVI, couvert en satin blanc broché à fleurs.

65 — Meuble de salon bois sculpté, peint en blanc et or, style Louis XVI, couvert en soie brochée.

Composé d'un canapé, trois médaillons, six chaises, deux tabourets hauts et deux tabourets de pieds.

66 — Un grand Fauteuil en bois peint, blanc et or, couvert en soie brochée.

67 — Fauteuil - Marquise en bois sculpté et doré, style Louis XV, couvert en soie saumon brochée.

68 — Quatre Fauteuils en bois sculpté
blanc et or, style Empire,
couverts en lampas fond bleu.

69 — Deux grandes Appliques en
bronze doré, modèle à figure,
tenant de chaque main un
bras à trois lumières.

70 — Service de table et de dessert,
en porcelaine, décor à fleurs
en couleurs genre Saxe.

71 — Six Tasses porcelaine de Chine.

72 — Huit Tasses porcelaine anglaise,
décor à fleurs sur fond jaune.

73 — Porte-Bouquets en verre blanc
et rouge, avec plateau en
glace.

74 — Service de table en verre de
Venise moderne.

75 — Diverses pièces en verre de
Venise moderne.

76 — Coupe supportée ·par deux
figures de femmes age-
nouillées.

Porcelaine blanche de Piraton.

77 — Deux Figurines en même porcelaine.

Jardiniers et jardinières portant des pa-
niers.

78 — Deux Figurines en même porcelaine.

Petits jardiniers et jardinières tenant un panier.

79 — Deux Figurines en même porcelaine.

Chinoises devant un grand vase en bambou.

80 — Deux Figurines en porcelaine blanche.

Jeune femme tenant une coquille.

13053. — Imprimeries réunies, A, rue Mignon, 2, Paris.